JN056742

ブックレット新潟大学

国際化時代の戦略的マネジメント

伊藤 龍史

新潟日報事業社

も く じ

まえがき

　本書の目的は、戦略的マネジメントの考え方を紹介することです。戦略的マネジメント（論）というものは、経営学を構成する柱の1つで、そこでは主に「企業は自身の環境とどう向き合うことができるのか」という点が考察されます。より具体的には、ライバル企業同士が繰り広げる競争の中で、自社に勝利をもたらすための仕組みについて考察する分野です。

　よく、戦略的マネジメントには唯一の正解があるわけではないといわれます。むしろ戦略的マネジメントで重要視されるのは、「何らかの現象や問題に直面した場合に、いかに論理的かつ説得的に意見を形成して解決を図ることができるか」という点です。しかし、戦略的マネジメントはジャングルに例えられることもあるほど、さまざまな理論や考え方が混在しています。さらには、戦略的マネジメントにまつわる現象や問題といっても、そもそも何が問題なのかを把握するだけでも非常に大変な作業です。要するに、戦略的マネジメントで重要視される点を身に付けようとしても、その機会はなかなか得られにくいわけです。

　そこで本書では、まず「何らかの現象や問題に直面する」という経験を提供し、次に「論理的かつ説得的に意見を形成して解決を図る」ための材料について紹介します。今日の企業を取り巻く環境は、多くの場合、国際的な性格を持っており、1つの国の中だけで完結するものではありません。そこで本書では、近年話題となっている「オフショアリン

グ」を取り上げます。一言で表現すると、オフショアリングとは「企業
が行うさまざまな活動が、世界中に分散する現象」です。このオフショ
アリングについて、本書ではおおむね次のような問題を提起します。す
なわち、「企業はオフショアリングを利用することによって、競争の中
で勝利を呼び込むことができるのか？」という問題です。

　オフショアリングはまだ出現して間もない現象で、現在進行中のもの
です。さらには、オフショアリングの様子を把握する統計は未整備の状
態です。従って、オフショアリングに乗り出すことの良し悪しについ
て、経験的に意見を述べることはまだしにくい状態だといえます。そこ
で、本書ではこの問題を検討する材料として、読者の方々に「さまざま
な企業が経験したオフショアリング事例（成功パターンや失敗パター
ン）」や「統計的数値」ではなく、「ロジック」を提供したいと考えます。

　具体的には、「資源ベースビュー」と呼ばれる戦略的マネジメントの
考え方を紹介します。もちろんこれ以外にもオフショアリングを考察す
る際に利用可能な見方はたくさんありますが、理解やイメージのしやす
さ、それから本書で提起する問題を考えるための材料としての良さ、と
いう観点から、本書ではこの「資源ベースビュー」を取り上げます。

第1章　戦略的マネジメントの基本

　まえがきで示したように、戦略的マネジメントというのは、企業が環境と対峙する際に利用する一連の流れのことです。環境とは、企業の経営を取り巻く状況のことだと思ってください。戦略的マネジメント論の場合、企業が環境との対峙の末にたどり着きたいのは、競争における勝利です。

　それでは、戦略的マネジメントはどのように展開されるものなのでしょうか。また、競争における勝利とはどういったものなのでしょうか。これらの点について、やや具体的に説明します。

第1節　戦略的マネジメントのプロセス

　そもそも、企業は単独で存在しているわけではなく、他のものとさまざまな関係を持ちながら活動しています。その関係の1つとして、ライバルとの競い合いが挙げられます。企業はライバルとの競争に直面したとき、競争に臨んだり、あるいは競争を避けようとしたりしますが、いずれにしても、企業はその競争に屈したいとか敗れたいとは考えておらず、むしろ勝利を収めたいと望んでいるはずです。

　そこで企業は、競争で勝利するためのマネジメントセオリー（経営理論）、すなわち戦略を考え出してそれを実行に移す、ということを行います。一般にセオリーとは、常に現実と照らし合わせながらテスト（検証）されるものです。競争で勝利するためのマネジメントセオリーにつ

いても同様で、セオリーに従えばどのような場合でも勝利を収められ
る、というわけではありません。よって、戦略を考えて実行に移すと、
次に企業はその手応えについてフィードバックを得ようとします。実際
に行ってみて初めて発覚するような事実も多々あるわけで、思ったほど
戦略が機能しなかったとか、あるいは想定外の機能の仕方がありそうだ
といったことが分かるかもしれません。その結果として、ある戦略は放
棄されたり、改良されたりします。

　また、企業は戦略を考えるに先立ち、自身の置かれたシチュエーショ
ンを把握しておく必要があります。各企業を取り巻く環境はそれぞれ異
なるものですから、自社にとっての脅威、機会、強み、弱み、といった
ものをきちんと分析しなければならない、ということです。そうしなけ
れば、例えば、世間から高い評価を受けているような戦略を導入（ある
いは真似）してはみたものの、期待とは裏腹に企業が立ち行かなくなっ
てしまう、ということが起こるかもしれません。自社がどのような状況
に置かれているのかを知った上で、採用可能で実行可能な戦略を考える
必要があるでしょう。従って、戦略の考案というステップの前に、シチュ
エーションの分析というステップが位置付けられます。

　さて、ここまでの説明で、シチュエーションの分析→戦略の考案→戦
略の実行→競争における勝利→フィードバックといった流れを描くこと
ができます。しかしもう１つ、重要なステップがあります。「自社の置
かれたシチュエーションがどのようなものか分かったので、では早速、
戦略づくりに入ろう」とするのではなく、むしろその間に「ミッション
とビジョンの設定」というステップを挟む方が賢明です。ミッションと

いうのは、企業がどのような目的や価値観を持っているのか、どの範囲
で活動を行うのか、といった点について示したものです。いわば、企業
の存在意義を表明する働きをします。企業によっては、自社がどのよう
なクライアントをターゲットとしているのか、を示すことでミッション
とする場合もあります。次にビジョンというのは、企業がどこに向かっ
ているのか、どのような企業になろうとしているのか、といった具体的
な情報を提供するものです。つまり、ビジョンとは企業の方向付けを行
う働きを持っていて、例えば企業の理想的な姿や目標の達成期限などが
明示されます。ビジョンを示す際のポイントとしては、「自社は何をす
るのか（何に集中するのか）」ということに加え、「自社は何をしないの
か（何に集中しないのか）」という点についても明確にしておくことです。

　以上をまとめたものが図1です。「シチェーションの分析」と「競争
における勝利」の間を行ったり来たりしながら繋ぐ一連の流れのこと
を、戦略的マネジメントのプロセスと呼びます。企業はこのプロセスを
通して競争に挑むわけですが、特に「競争における勝利」という部分に
対して強いインパクトを与えられるかどうか（また、どの程度強く与え
られるか）ということがポイントです。

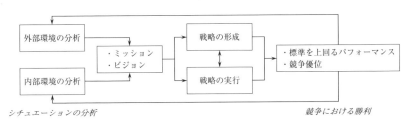

図1　戦略的マネジメントのプロセス
（出典）筆者作成

第2節　戦略的マネジメントが目指すもの

　前節では「競争における勝利」という表現を使いましたが、いささか
アバウトな言い方でした。具体的には何をもってこれを捉えることがで
きるのでしょうか。本節では、競争における勝利、つまり戦略的マネジ
メントが目指すものについて説明します。

　図1で示すように、企業が目指す「競争における勝利」の達成は、よ
り細かく見ると、「標準を上回るパフォーマンス」の達成と「競争優位」
の達成に分けられます。これらは別個のものではなく、「標準を上回る
パフォーマンス」を達成するには「競争優位」の達成（と持続）が必要、
という関係にあります。以下、それぞれについて説明しますが、まずは
知っておくべきいくつかの点に関する説明から始めたいと思います。

　実際に企業が行っていることは複雑ですが、あえてシンプルに捉える
とするならば、どのようになるでしょうか。戦略的マネジメントが目指
すものが「標準を上回るパフォーマンス」であれ「競争優位」であれ、
まずはこの点を共有しておかなければ話が進みません。

　もちろん例外や他の側面もありますが、基本的には企業は「モノや
サービスをつくって売る」ということを行っています。まず企業は、労
働力を雇ったり、市場から原材料を調達したり、サプライヤーから部品
を購入するなどします。つまり、企業はモノやサービスをつくるための
さまざまなインプットを得るわけです。次に、企業はこれらのインプッ
トをうまくやりくりして（組み合わせて）、実際にモノやサービスを生

産します。そうしてつくられたモノやサービス、つまりアウトプット
は、今度は顧客に対して売られます。それらが、顧客が買いたいと思う
ようなモノやサービスであれば、実際に「顧客が買う」という事実が発
生します。そうすると、「つくったモノやサービスが売れた」という事
実が、企業に対して跳ね返ってきます（多くの場合、金銭の形で）。こ
の跳ね返ってきた事実を使って（通常、部分的に使って）、企業は新た
なインプットを得ようとします。この様子を表したものが図2です。企
業が行っていることを単純化して言うと、「企業はインプットをアウト
プットに変換している」ということです。

　図2について、もう少し説明を加えておきます。図中の斜体で書かれ
た部分に関する説明です。企業はインプットをアウトプットに変換して
いますが、なぜそうするのかというと、付加価値を生み出すためです。
企業はバラバラのインプットを得て、それらを組み合わせてアウトプッ
トを世に出すことによって、単に利益を上げようとしているだけではあ
りません。企業の行いによって、さまざまな社会的貢献（例えば、人材

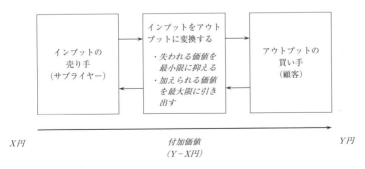

図2　戦略的マネジメント論で想定する企業像
（出典）筆者作成

を雇用すること）がなされています。付加価値とは、それぞれの企業が存在するからこそ生み出されるような価値のことです。これにはもちろん利益も含まれます。もし付加価値がマイナスになるような事態があるとすれば、それは企業にとっても社会にとっても、資源の無駄遣いであるといえるでしょう。

　こうした説明を踏まえて、再び図2を見てください。図の中では、企業がインプットをアウトプットに変換することによって、価値が加えられていく様子も示されています。左端ではＸ円だったものが、変換の結果、右端ではＹ円になっています。つまり、企業が活動することを通して付加した価値はＹ－Ｘ円です。付加価値であるＹ－Ｘ円について、企業がなすべき努力としては、失われる価値を最小限に抑えつつ、加えられる価値を最大限に引き出すことでしょう。

■　「標準を上回るパフォーマンス」を目指す

　企業は付加価値を生み出すためにインプットをアウトプットに変換します。その際、付加価値の減少分を最小限に抑えると同時に増加分を最大限に引き出すような努力がなされる必要があります。企業がしっかりと付加価値を生み出すためには、企業がしっかりと努力しなければならないということです。

　それでは、「企業がしっかりと努力する」とは、具体的にどういうことなのでしょうか。これを考えるには、企業とは何かを明確にしておく必要があります。本書では、企業を「所有者の意思によって自発的に提供される生産要素の集合体」と定義します。生産要素というのは、モノ

やサービスを生産するために用いられる資源のことで、例えば土地、施設、労働、お金、といったものが含まれます。本書の定義からすると、生産要素には所有者がいます。おそらく最も分かりやすいものとしては、「労働」という生産要素でしょう。通常、ある人は自らの意思で特定の企業を選び、そこで働きます。働くということは、企業に対して労働を提供しているということです。ある人が特定の企業に対して自発的に労働を提供するということは、その人はその企業に対して何らかの期待を向けているはずです。そうすると、その人はいつか、企業に対して「期待通りだった」、「期待外れだった」、あるいは「期待以上だった」のうち、いずれかの感情を抱くことになるはずです。これらの感情は、企業がもたらす価値にまつわるものです。労働を提供している人であれば、価値とは賃金のことかもしれません。つまり、ある企業に労働を提供している特定の人は、その企業から自身にもたらされるであろう期待を、賃金の形で抱いているかもしれないわけです。実際に企業からもたらされる賃金と照らし合わせることによって、「期待通りだった」のか、「期待外れだった」のか、あるいは「期待以上だった」のかが判断されます。その人は自発的に労働力を提供しているわけですから、もし「期待外れだった」という場合には、極論としては、他の企業（雇用先）を探すことになります。もし「期待通り」や「期待以上」の場合には、その人はその企業に労働を使わせたままにしておくでしょう。つまり、辞めずに働き続けるはずです。

　「生産要素をやりくりして企業が実際に生み出す価値」と、「生産要素の所有者が企業のやりくりに対して期待する価値」を比較することで、企業のパフォーマンスを示すことができます。パフォーマンスという表

現は、「企業が持つ、生産要素を引き付ける力」のことだと思ってください。もし前者と後者が同等であれば、その企業のパフォーマンスは標準的です。もし前者が後者を下回っていれば、その企業のパフォーマンスは標準を下回るものです。さらには、もし前者が後者を上回っていたら、その企業のパフォーマンスは標準を上回るものです。戦略的マネジメントが目指すところのものの1つ目は、この「標準を上回るパフォーマンス」です。

■ 「競争優位」を目指す

さて、企業が標準を上回るパフォーマンスを目指そうとする場合、基準となる「生産要素の所有者が期待する価値」を知ることができれば便利です。しかし多くの場合、それを知るのは困難なことです。例えば先の例と同様に、労働を提供する人を考えてみましょう。その人が今現在働いている企業に対して、どの程度の価値が生み出されるよう期待しているのかといいますと、正確には、その人が見送った次善の選択肢（企業）が提供するであろう程度の価値です。つまり、今現在働いている企業がもしなかったとしたら、その人が働き先として選んでいたであろう企業によって生み出される価値です。しかし実際には、こうした精確な計算を行うことは、企業の側からしても、それどころか生産要素の所有者自身の立場からしても、非常に困難な作業です。

企業は、自身が標準を上回るパフォーマンスを生み出しているのかそうでないのか、さらには生み出しているのならばどの程度か、という点について、明確に捉えることができません。概念的に考えることはできても、実際にそれを測ることはできないのです。しかし、標準を上回る

パフォーマンスを目指す必要があります。そうすると、企業がなすべき
は、「生産要素をやりくりして企業が実際に生み出す価値」を、とにか
く追求することです。「生産要素の所有者が企業のやりくりに対して期
待する価値」がどの程度かは分からなくても、企業が実際に生み出す価
値をより大きくしようと努力することによって、手探り状態ながらも標
準を上回るパフォーマンスを得られる可能性が高まるはずです。

　企業は実際に生み出す価値を追求する一方で、少なくとも次善の企業
が生み出す価値よりも大きな価値を生み出しておく必要があります。そ
れゆえ企業は、他のライバル企業との関係までを考慮した上で、標準を
上回るパフォーマンスを達成しようとしなければなりません。ライバル
企業との関係において勝利を収めるためのセオリーが「戦略」です。つ
まり企業は、標準を上回るパフォーマンスを達成しようとする一方で、
次善の企業の戦略からもたらされる価値を上回るような価値を自身の戦
略から生み出す、すなわち「競争優位」を得ようとする必要もあるわけ
です。標準を上回るパフォーマンスは、生産要素のやりくり、つまりマ
ネジメントを通して目指されます。一方、競争優位は戦略を通して目指
されます。これら双方を達成しようとするものが、戦略的マネジメント
です。

　ところで、パフォーマンスには標準を上回る、標準的、標準を下回る
といった種類がありました。これと同じように、競争優位にも、競争均
衡と競争劣位というその他の種類があります。以下ではこれらについて
の説明を行い、それから第2章に移りたいと思います。

　世の中には、星の数ほどのさまざまな戦略があります。その中には、価値の創造にどの程度結び付くのかについて、ある程度明らかとなっているような戦略もあれば、不明なものもあります。さらには、その存在自体が分かっていないような戦略もあるはずです。表1を見てください。ここでは説明をより単純明快なものとするために、世の中にあり得る戦略を5種類だけだとしています。

　ここで、ある企業（X社としましょう）が戦略を考えているとします。X社がとり得る戦略は、戦略Aから戦略Eのうちいずれかです。ここでさらに、ある生産要素の所有者（従業員であるY氏としましょう）がX社に対して期待する価値が、5,000円だとします。つまり、Y氏にとっての次善の企業が生み出す価値は、5,000円だということです。注意すべき点としては、Y氏が過去に見送った選択肢（企業）の中では、X社の次に好ましい企業は5,000円の価値をもたらすような企業であったということです。つまり、戦略Dをとっているような企業が、Y氏にとっての次善の企業です。従って、万が一X社が戦略Eをとってしまったとすると、その時点でアウトです。この場合には、X社はY氏に対して標

	生産要素の所有者が 期待する価値(円)	戦略によって もたらされる価値(円)	同じ戦略を とっている企業数	競争上の帰結
戦略A		10,000	0	競争優位
戦略B		9,000	1	競争優位
戦略C	*5,000*	7,000	7	競争均衡
戦略D		5,000	10	競争均衡
戦略E		3,000	5	競争劣位

表1　競争優位、競争均衡、競争劣位の例
（出典）筆者作成

準を下回るパフォーマンスをもたらしているということ（3,000円－5,000円＝－2,000円）、すなわちX社の活動はY氏にとっての価値を破壊しているということになります。そうすると、Y氏はX社から去ろうと考えるでしょう。また、戦略Dの場合には、X社はY氏に対して標準的なパフォーマンスをもたらしています（5,000円－5,000円＝0円）。X社が戦略Dをとった場合には、その時点でアウトとまではいきませんが、Y氏がX社で働きたい理由はなくなってしまいます。つまり、Y氏の目には、X社が特段魅力あるような企業として映らなくなってしまうということです。

　それでは、戦略A、B、Cの場合はどうでしょうか。これらの戦略であれば、X社はY氏に対して標準を上回るパフォーマンスをもたらしているといえます。しかし、その程度は異なります。戦略Aであれば5,000円（10,000円－5,000円）、戦略Bであれば4,000円（9,000円－5,000円）、戦略Cの場合には2,000円（7,000円－5,000円）です。また、同じ戦略をとっている企業数も異なります。戦略Aはどの企業もとっておらず（戦略Aの存在自体が知られていないか、あるいは戦略Aをとることが難しい）、戦略Bをとっている企業は1社のみで、戦略Cは7つの企業が採用しています。

　この表の例でいうと、戦略Aや戦略Bをとった場合には、競争に大きく成功します。戦略CやDであれば、程度の差こそあれ、競争に成功しているといえます。戦略Eの場合には、競争に失敗しています。競争に大きく成功している場合には、その企業は「競争優位」にあるといいます。言い換えると、特定の企業が価値を生み出し、かつ同様の戦略を

とっている企業がほとんど存在しないような場合に、競争優位の立場が
得られるということです。また、競争に成功している場合には、その企
業は「競争均衡」にあると言います。言い換えると、特定の企業が価値
を生み出してはいるものの、同様の戦略をとっている企業が他にも複数
あるような場合には、競争均衡の立場に置かれるということです。さら
に、競争に失敗している場合には、その企業は「競争劣位」にあると言
います。言い換えると、特定の企業が価値を生み出していないような場
合には、競争劣位の立場しか得られないということです。

　戦略を考える際の重要な点としては、自社だけが、あるいは自社を含
む一握りの企業だけが、戦略Aや戦略Bのようなタイプの戦略をとるこ
とができるよう仕向けることです。つまり、競争優位に結び付くような
戦略を考え出して実行に移し、さらにはそれが多くのライバル企業に真
似されてしまわないように、壁を作っておくということがポイント
です。

第2章　オフショアリングという現象

第1節　企業にとってのオフショアリング

　近年、オフショアリングと呼ばれる現象が確認されるようになってきています。オフショアリングとは、企業の活動が国境をまたいで地理的に分散することです。例えば、日本企業A社が自社製品に関する問い合わせを中国の大連にあるコールセンターで受け付けるというケース、アメリカの航空会社B社が予約サービスをインドのムンバイにあるセンターで管理するというケース、日本の保険会社C社が契約者に関するデータ入力作業を中国企業に依頼するというケース、あるいはアメリカのD病院が実施したCTスキャンに関する分析をインドやオーストラリアの放射線技師が行うといったケースなど、さまざまです。しかし、共通して言えることとしては、いわゆる先進諸国にある企業や組織が、新興諸国と呼ばれる国々にある企業や組織へ向けて、自身が必要とする仕事を代わりに行うよう依頼している、ということです。

　オフショアリングを可能なものとした要因として、主に情報技術（IT）が発達したことに加え、それが利用しやすくなってきている（例えば、通信コストの低下）ということが挙げられます。こうした技術的要因以外にも、各地の状況が整ったこともオフショアリングという現象の発生に一役買っています。具体的には、経済的要因、政治的・法的要因、それから社会的・人口統計的要因です。経済的要因の例としては、

資本市場の発達や技術センターの出現といったものです。また、政治的・法的要因としては、労働、課税、競争法、貿易障壁などが含まれます。さらに社会的・人口統計的要因の場合には、人口規模、年齢構成、教育水準、労働力のモチベーションなどが挙げられます。要するに、世界各地の間にあるさまざまな意味での「差」や「距離感」が縮まり始めていて、さらには遠隔地同士でコミュニケーションを取ること自体も可能になってきているということです。

　しかし、オフショアリングをめぐってはさまざまなレベルで論争を呼んでいます。例えば、2004年のアメリカ大統領選の争点としてオフショアリングが取り上げられた際、「オフショア化によって国内の雇用が海外へと流出している恐れがあり、従ってオフショア化はサービス分野での空洞化を誘発し得るものであるため警戒すべきだ」との議論がなされました。その一方で、「オフショアリングに対して規制を掛けることは、アメリカ経済の競争力を損なうものだ」という議論もなされています。オフショアリングが論争を呼び続けている１つの理由としては、オフショアリングの規模や移動する仕事の内訳などに関する統計が現段階では十分整備されておらず、また既存の統計を使ってオフショアリングの様子をうかがいたくても捕捉率が低い、ということが挙げられます。

　それではこのオフショアリングの良し悪しについて、企業レベルで考えた場合にはどうなるでしょうか。つまり、企業からすると、オフショアリングに乗り出すことは、良い結果をもたらし得るのでしょうか。それとも、オフショアリングは手を出さないでおいた方が良さそうなものなのでしょうか。実際のところ、各企業はオフショアリングに対して期

待と不安を感じています。期待としては、オフショアリングを行うことによってコストを削減することができるかもしれない（例えば、人件費の削減）、時差をうまく活用すれば24時間体制のサービス提供を行うことができるかもしれない、あるいは、本国内では見つけられないような優秀な人材を雇うことができるかもしれない、といったものです。実際、これらの期待がかなった企業もあります。その一方で、オフショアリングに対する懸念もあります。例えば、いくら教育水準が上がったとはいえ言語上のハンデは根強く残っているはずだ、オフショアリングを行うとかえってサービスの質の低下を招くのではないか、あるいは、そもそもよその国のよその組織（または人材）を信用して大丈夫なのだろうか、といった懸念です。

　本書では、「企業の立場からすると、オフショアリングは良さそうなものといえるのか？」という問題を提起します。しかしながら、上記のようなオペレーショナルなもろもろの点について、1つ1つ解答していくことは非常に困難な作業です。そこで、「戦略との関連で見るとオフショアリングは果たして好ましいものといえるのか？」という形に問題を絞り込みたいと思います。ただし、企業が違えばオフショアリングの内容も異なります。特に、オフショアリングは発現途中の現象であるので、個別企業の事例にまで落とし込んだ方がイメージしやすいかと思います。そこで本章では、「Dell」という企業が行ったオフショアリングの事例について紹介します。本書で提起する問題は以下の通りです。

〈問題提起〉
　企業にとって、オフショアリングを利用することは戦略的に好ましい

ものといえるのか？

第2節　Dell社によるオフショアリング事例

　Dell社によるオフショアリングは、オフショアリングの代表的事例としてよく取り上げられます。Dell社の場合、オフショアリングに乗り出した主な目的は、コストを低く抑えつつ、新たな顧客をサポートしたいというものでした。本節では、Dell社が行った4つのパターンのオフショアリング、すなわちアイルランド、インド、ロシア、および台湾へのオフショアリングについて紹介します。

■　コールセンター（アイルランド）

　Dell社によるオフショアリングの1つ目のパターンとしては、コールセンターのオフショアリングです。Dell社は、製品を購入した顧客が故障や修理などについて問い合わせするコールセンターを、顧客が住んでいる国ではなく、アイルランドに設置しようとしました。そのために、Dell社は第一弾として1992年12月に「Dell Bray」という会社をアイルランドに設立しました。さらに第二弾として、2000年8月に「Dell Cherrywood」という会社をやはりアイルランドに設立しました。これら2つのコールセンターに与えられた役割は次の2点でした。まず1点目としては、アイルランドに住むDell社の顧客からの問い合わせに応じること。それから2点目は、イギリスに住む小規模から中規模の顧客に対するサポートやセールスを行う、というものでした。

　Dell社がアイルランドをオフショアリング先として選んだのにはいく

つかの理由がありました。1点目は、Dell社にとってヨーロッパが主要な市場であったということ。2点目は、アイルランドは低コストでビジネスを行うことができるような環境であったということ。3点目は、アイルランドには十分に教育を受けていて、ITに関する豊富な知識を有し、さらには英語を話すことのできるような労働力が蓄えられているということ。4点目としては、アイルランドにはオフショアリングに関する政府の補助金が存在するということ。そして最後に、アイルランドは電子通信のインフラが整っている、という理由がありました。

■　ヘルプデスクと技術サポート（インド）

　Dell社が行ったオフショアリングの2つ目のパターンは、ヘルプデスクと技術サポートのオフショアリングです。2001年6月、Dell社は「Dell Computer India Pvt. Ltd.」の一部門として、「Dell International Services」を設立すると発表しました。設立の背景として、アメリカの一般顧客（ホームカスタマー）や小規模のビジネス顧客（ビジネスカスタマー）に対する技術サポートを、主にインドにあるセンターを通して提供しよう、という意図がありました。

　Dell社によると、インドの技術サポートセンターには3つの目標が与えられました。まず1つは、「世界規模でサービスを提供する」というDell社の目的をより良く達成し、さらには「Call Anywhere, Resolution Anywhere（どこにいても問い合わせを行うことができ、どこにいても問題解決を行うことができる）」というDell社の考え方を可能なものとする、という目標です。もう1つの目標としては、現行の顧客セグメントに対するサービスを拡充する、というものです。それから最後に、成

長しつつあるインドの顧客基盤へ向けて技術サポートを提供する、という目標もありました。

　Dell社がオフショアリングを行う理由として挙げたものは、Dell社のライバル企業がインドへオフショアリングを行う際に掲げる理由と同様のものでした。すなわち、「24×7」型あるいは「Follow-the-Sun」型のサービスモデルを構築すること、コスト構造をより良いものとすること、それからスキルを有しかつ英語を話すことのできる巨大な労働力にアクセスすること、という理由です。なお、「24×7」という表現は「年中無休」の意味で、「Follow-the-Sun」とは「太陽を追いかける」という意味です。つまり、世界各地に仕事を分散させることによって、止まることなく仕事が行われ続けるようにすることを表しています。例えば、日本が眠っている時間帯に起きているような国や場所も探せばありますから、時差をうまく利用すれば（太陽を追いかければ）、年中無休のサービスを行うことも可能となるわけです。

　「Dell International Services」の設立を発表した2001年の時点では、技術サポートセンターの座席数は200でした。しかしその後、従業員数は飛躍的に増加し、2003年3月には2,000名に到達しました。また、同センターはインドからサービスを提供する相手として、オーストラリア、ニュージーランド、それからアイルランドを追加しました。さらに、取り扱う仕事の内容も拡大し、それまでは電子メールや電話による技術サポートを行っていましたが、これに加えてソフトウェア開発やハードウェア製品の設計といったものまで手掛けるようになりました。

■　オフショア化の失敗

　上述のような顧客セグメントを念頭に置いて進められたオフショアリングの試みは、成功を収めました。この事実を受けてDell社は、アメリカの大規模企業顧客に対しても、インド技術サポートセンターから24時間体制のサービスを提供しようとしました。しかしこの計画は、問題に見舞われてしまいます。企業顧客からの苦情が殺到したのです。企業顧客は提供される技術サポートのレベルに満足がいかず、またインドの技術サポート員が話す英語に強い訛りが見られることや応答の仕方が原稿読み上げ式のように感じるということについて、不満を抱いたのでした。

　企業顧客は、Dell社のビジネスのおよそ85％を占めていました。こうしたこともあり、Dell社はこのプレッシャーに対処することとなりました。Dell社は、一部の企業顧客に対する技術サポートをテキサス、アイダホ、それからテネシーのコールセンターへと戻そうと決めたのです。しかしながら、家庭用パソコンの所有者からの問い合わせに関しては、引き続きインドのバンガロールにあるサポートセンターで対応することとしました。

■　ソフトウェア開発（ロシア）

　通常、オフショア・ソフトウェア開発といえばインドが有名ですが、最近では、低コストのエンジニアが豊富にいるという点でロシアも注目されるようになってきています。世界中の企業がこのロシアへオフショアリングを行っています。Dell社もその1つです。

　ロシア有数のオフショアリングサービスプロバイダーの１つに、
「Luxoft」という企業があります。2002年の中頃、Dell社はこのプロバ
イダーと協力するとの決定を行いました。その結果、モスクワにDell社
専用のソフトウェアエンジニアリングセンターが設立されることとなり
ました。

　同センターにおいて十分な仕事経験や知識や教育経験を有するような
人材を確保できるように、Dell社は一定の採用基準を設けました。セン
ターはこの基準に従い、最善の組み合わせとなるようにエンジニアを雇
用しました。センターにおける慣習、方法、および文化は、Dell社のそ
れに従っています。また、センターに与えられた役割は、イギリス、フ
ランス、アイルランドにあるDell社のITセンターを補完する、というも
のでした。

　モスクワのセンターでは、Dell社のウェブサイトやＥコマースポータ
ルの更新サポート、さらにはグローバル市場を見据えた企業ソフトウェ
アやシステムソフトウェアの開発が行われています。Dell社はこのセン
ターがあるおかげで、IT関連の成果物を大量に生産しつつ、IT部門を
より重要な付加価値技術を扱うような仕事に集中させることが可能とな
りました。

■　オフショア生産（台湾）
　パソコン産業は、現状にとどまることを好まない産業です。パソコン
産業はほぼ毎月のように変化していて、製品のライフサイクルは短縮さ
れ、さらには信頼性、柔軟性、スピード、品質といった点が強く求めら

れるようになってきています。こうした環境の変化に対応するために、Dell社はビジネスプロセスの全体的な改革に踏み切りました。対象となるビジネスプロセスには、設計と予測、原材料の調達、生産、流通、さらには顧客のフォローアップなどが含まれていました。

こうした改革の一環として、Dell社はより多くのパソコン生産を台湾のパートナー企業に任せよう、という意思決定を行いました。台湾で生産を行うということ自体は、およそ20年前から多くのハイテク企業によってなされてきたことでした。しかしながら、台湾を活用することによって得られる利点は、依然として残されていました。例えば、製品の販売に掛かるコストをさらに削減し、間接費を減らし、その上グローバル市場に新製品を持ち込むことができるといった可能性です。

2002年の11月、Dell社がハンドヘルドコンピューターの生産を「Wistron」へオフショアリングした、という情報が開示されました。Wistronは、「相手先ブランド設計製造サービス」や「契約電子機器製造サービス」といったサービスを提供する、台湾のプロバイダーです。Wistronは、Dell社が提示した一単位当たり170ドルという極めて安い契約価格に応じることのできた唯一のプロバイダーでした。このことが、Wistronが選ばれた理由でした。一単位当たりのマージンがこれほどまでに低いと、大量の注文が約束される場合でなければWistronは契約に応じることはできません。Dell社はそのようなWistronをハンドヘルドの生産者として選択することによって、大量生産を通したコストの削減分を、カスタマーに移すことができるようになったのでした。

　しかしその後、Dell社は当初予想しなかったような独特の課題を経験することとなりました。その1つが、台湾が地震多発地帯に位置するという課題でした。1999年9月に台湾で発生した地震は、国民の日々の生活に重大な影響を与えました。パソコン部品の工業団地もやはり地震による影響を受け、製造がストップすることとなりました。この意味で、Dell社本体も地震の被害に見舞われたといえます。Dell社はリーン型の在庫モデルを採用していたため、スローペースでの生産再開を余儀なくされ、さらにはパソコン価格の引き上げを行うこともできないという状況に置かれました。

　以上のように、Dell社は世界各地に活動を分散させています。本章では、アイルランドへのコールセンターのオフショアリング、インドへのヘルプデスクと技術サポートのオフショアリング、ロシアへのソフトウェア開発のオフショアリング、それから台湾におけるオフショア生産を紹介しました。Dell社によるオフショアリングは、オフショアリングの代表例といえるものです。

　しかし、オフショアリングを行っている、あるいはこれから行おうと考えている企業は、他にも多くあるはずです。そこで、次章以降では、本章の内容を踏まえつつ、より一般的に「オフショアリングは企業にとって良さそうなものといえるのか？」という問題について考えてみたいと思います。第3章では、考えるための道具として「資源ベースビュー」を説明します。その後、第4章において、Dell社のオフショアリング事例を参考にしながら、上記の問題に回答します。

第3章　資源ベースビューという考え方

　第1章では、「シチュエーションの分析」について少し触れました。シチュエーションとは、企業自身にとっての脅威、機会、強みおよび弱みのことです。前者2つを企業外部のシチュエーション（または、企業の外部環境）、後者2つを企業内部のシチュエーション（または、企業の内部環境）と言います。戦略的マネジメント論の考え方は、企業外部のシチュエーションに注目するものと、企業内部のシチュエーションに注目するものに大きく分かれます。

　単純に言い切ってしまいますと、前者の場合には「企業が競争の中で勝利することができるかどうかは、その企業がうまい位置取りをすることができるかどうかによって決まる」と考えます。これに対し、後者の場合には「企業が競争の中で勝利することができるかどうかは、その企業の持つ力が強いものであるかどうかによって決まる」と考えます。

　本書では特に、企業内部のシチュエーションに注目した戦略的マネジメントの考え方を取り上げます。「資源ベースビュー」と呼ばれるこの考え方は、標準を上回るパフォーマンスの達成を、企業が持つ資源と結び付けようとするものです。つまり、企業そのものの性格や構造から、標準を上回るパフォーマンスが生み出されるという考え方です。

　まず第1節では、資源ベースビューの前提について紹介します。次の第2節においては、資源ベースビューの概要を解説します。続く第3節

は、資源ベースビューを学ぶ際に重要な、「資源」、「ケイパビリティ」、それから「コンピタンス」という概念に関する説明です。最後に第4節において、資源ベースの壁を築いて勝利する、ということについて説明します。これは要するに、自社が今好ましい立場を得ている状態だとしても、そこにライバルが侵入してきてしまうと好ましい立場ではなくなってしまう恐れがあるので、ライバルの侵入を防ぐような壁を作ってしまうことで、今の立場に長くいられるようにしようというアイデアです。そのような壁の築き方は多々あるのですが、本書では資源ベースで考えた場合にはどうなのかということに焦点を絞って、また、オフショアリングを考察する際に有用なポイントに限定して紹介したいと思います。

第1節　資源への着目

　世間の企業を見渡すと、非常に素朴ではありますが、おそらく次のような2つの疑問が出てくることと思われます。まず、「同じ産業に属している場合であっても、それぞれの企業は同じような動きを取ることはなく、その振る舞いはさまざま。なぜそうなのか？」という疑問です。それからもう1つが、「利益を生み出す状態を維持させることができるような企業もあれば、そうでない企業もある。そうした出来不出来があるのはなぜか？」という疑問です。資源ベースビューでは、こうした疑問に答えようとします。別な言い方をすると、資源ベースビューという考え方を使えば、ある特定の産業の中で、一部の企業だけが競争優位を確立しているような事態がなぜ生じるのか、その理由を説明することができるのです。

　それでは早速、資源ベースビューの具体的な内容に移りましょう。多くの場合、特にアカデミックな話の場合には、いくつかの仮定を置くことから議論が始まります。このことは、資源ベースビューの場合にも当てはまります。資源ベースビューでは議論の出発点として、企業ごとの「異質性」を仮定します。つまり、企業はそれぞれ違う、ということを認めるのです。

　企業はそれぞれ違うのだ、という主張は直感的にも確からしいものなので、多くの人が納得できるような主張であると思います。しかし「企業はさまざまだ」ということをそのままの形で受け入れると、「従って、当然ながら競争優位を得ているような企業もあればそうでない企業もある」という結論へストレートにつながってしまうので、結局のところ何も言っていないのと同じようなもので、有用な示唆を得ることもできません。そこで、ひとひねり加える必要があります。どうするかと言うと、企業のことを「資源の束」として捉えるのです。後ほど触れますが、資源とは、企業が設定した目標を達成しようとする際に利用することのできる支援的手段のことを指します。イメージしやすいものとしては、人、お金、設備などでしょう。企業を資源の束として捉えることによって、それぞれの企業のことを、ユニークな資源の束であると考えることができます。この点について、もう少し詳しく説明しましょう。

　資源は束となって企業を形作りますが、この資源は手を加えられることなく企業の中に放置されているというわけではありません。資源は、モノやサービスを生産する企業自体の能力を開発するために、使用されることとなります。資源のこうした側面まで考慮に入れると、「企業は

それぞれ違う」という主張について次のように理解を深めることができます。

　第一に、資源は均質なものではなくて、それぞれ異なるものです。例えば、人という資源、すなわち人的資源はもちろんユニークなものです。ある人が持っているスキルや知識は他の人とは異なるし、企業に対して大きな影響力を持っているような人もいればそうでない人もいます。

　第二には、それぞれの資源は1通り以上の使用が可能なものです。例えば、ある企業のある従業員は、企業の中で行われるさまざまな仕事を複数こなすことができるはずです。あるいは仮に、あらゆる面に関してまったく同一の人間が2人いたとしても、別々の企業に勤めていると、それぞれ違った方法で使われる可能性があります。

　以上のように考えると、資源自体がさまざまであり、さらにはそれらの使われ方もさまざまであるという理由から、企業はそれぞれ異なるように見えるのだと主張することができます。

第2節　資源ベースビューの概要

　先に示したように、本書では企業を変換者として考えています。つまり、企業というものはインプットをアウトプットに変換する働きをする、ということです。資源ベースビューでは特に、企業へもたらされるインプットの性格や、それらがどのように使用されるのかという部分に注目します。言い方を変えると、資源ベースビューの議論は、資源とその使用方法を区別した状態で進められるということです。

　読者の方々が理解しやすいように、各種の資源の中でも特に、人的資源を例に挙げながら説明したいと思います。例えば、新潟県の新潟市内でのみビジネスを展開しているような小売企業Ａ社があるとしましょう。そこで働く従業員の中から誰でも良いので１人を抜き出してみると、その人は多くの使用可能性を秘めているはずです。例えば、その人はある程度のトレーニングを受けることによって、店舗でのレジ打ちを行うことができるようになるでしょうし、あるいは倉庫内での作業を行うことができるようにもなるでしょう。さらに、より多くのトレーニングを積むことによって、その人は顧客サービスデスクで働いたり、店舗内の一連の監督を担ったりすることもできるようになるかもしれません。

　このことをもう少し概念的に言い換えてみましょう。そうすると、１単位の資源は企業に対して提供することのできる潜在的な多くの「サービス」を有している、と表現することができます。また、１単位の資源はそれが提供するサービスからは独立して存在している、と言うこともできます。１単位の資源とは、今の例で言うところの１人の従業員です。しかしながら、視点を企業の側に置いて考えてみますと、この考え方は通用しません。というのは、企業は、資源と一体となったものとしてサービスを必要としているからです。つまり、新潟市内でビジネスを行う小売企業がアウトプットを生産するために必要とするものは、レジサービス提供「者」、倉庫内労働「者」、顧客サービス提供「者」、および監督「者」、だということです。

　ここで言えることとしては、資源およびそれが提供する潜在的サービ

スと、企業が生産する製品は、互いに関係し合っているということです。ある企業がどのような製品を生産することができるのかという問題に対しては、その企業がどのような内容や量の資源やサービスを利用することができるのかという点を把握することで答えることができ、反対に、ある企業がどの程度の内容や量の資源やサービスを必要とするのかという疑問に対しては、その企業がどのような製品を生産しようとしているのかという点を明らかにすれば答えられるということです。小売企業の例で言うと、新潟市内で何店舗を運営することができるのかという問題に対しては、その企業が全体としてどれだけの従業員数を抱えていて、それら従業員が提供することのできるサービスの内容がどういったものなのかという点をはっきりさせることで回答することができます。その一方で、小売企業が必要とする従業員の数やサービスの内容は、その小売企業によって運営される店舗の数によって決まってくるのです。

　ここまでの議論について違う方向から言い直すと、企業が資源を利用することができない場合には、生産されるアウトプットが制限されてしまう、ということです。この点について、引き続き小売企業A社の例を用いて簡単に確認してみましょう。例えば、これまでは新潟県の新潟市内だけでビジネスを行ってきたけれども、どうやら長野県の長野市でもビジネスが展開できそうだ（需要がありそうだ）とA社が考えるようになったとしましょう。そうすると、A社は、現時点では店舗を構えていない長野市に新店舗をオープンさせるという意思決定を行うかもしれません。しかし仮に、もはや長野市内にA社が利用できるような土地がなかったとしたらどうでしょうか。その場合には、A社に対する長野市の需要は残念ながら満たされない、ということになります。

■　資源ベースビューのイメージ

　ここまでの説明をもとに、資源ベースビューのイメージを描いてみましょう。図3を見てください。図の右側の「？」は、架空の製品を表しています。今はまだ出現していないけれども、今後製造されるかもしれないような製品のことだと思ってください。どのような製品であっても、製品を作る場合には何らかの資源が必要です。仮に、架空の製品「？」を生産する場合に使うことのできる資源が、X、Y、Zという3種類であったとしましょう。先に示したように、資源ベースビューでは、資源とその使用方法（サービス）を区別した状態で議論が進められます。そこでさらに、X、Y、Zのそれぞれが提供することのできるサービスが、1、2、3という3種類のうちいずれか1つであるとしておきましょう。

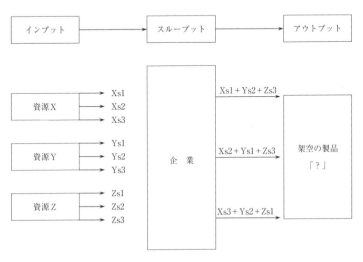

図3　資源ベースビューのイメージ
（出典）Cashian (2007) p.149を筆者が一部修正・翻訳

　もちろんこれらのサービスは、架空の製品「？」を生産するために必要とされるサービスです。架空の製品「？」は、資源やサービスをさまざまに組み合わせることで生産されます。この点について、図の右側では、架空の製品「？」を生産するためには3種類の異なる方法があり得る、ということが示されています。図3の場合には、架空の製品「？」を生産したければ、Xs1＋Ys2＋Zs3（方法1）、Xs2＋Ys1＋Zs3（方法2）、またはXs3＋Ys2＋Zs1（方法3）のいずれかを利用すればよい、ということが示されています。

　それでは、方法1、方法2、方法3はどのような具合にもたらされるものなのでしょうか。図の左側の説明に移ります。まず架空の製品「？」を実際に生産しようとする場合には、どの資源を使用するかを決めなければなりません。小売企業A社の単純な例では、図中のX、Y、Zは3名の従業員です。店舗を運営するためには、レジ打ち、倉庫内作業、それから陳列というサービスのすべてが必要とされるとしましょう。それぞれの従業員は、これら3種類のサービスのいずれも提供することができますが、各自1つのサービスだけを担うものとしましょう。この状態から、どのような資源とサービスの組み合わせを選択するのか、つまり方法1、方法2、方法3のうちどの方法を選ぶのか、ということが決められますが、これはマネジメントを通して行われます。マネジメントによって、どの資源を利用するのか、それからそれぞれの従業員がどのような役割を担うのか、という点が決定されるのです。

　マネジメントの役割は、単に資源の割り振りをするだけではありません。マネジメントは、それぞれの資源が提供を求められるサービスがど

のようなものかという点について決定する役割も持っています。従って、マネジャーが違えば、資源に対して異なる役割を与える可能性もあるわけです。例えば、小売企業A社のある店舗について見た場合、あるマネジャーは従業員Xをレジ係とするかもしれませんが、他のマネジャーは従業員Xに陳列作業を担当させるかもしれません。企業ごとの違いというものは多々ありますが、こうした資源を管理するマネジメント能力もその1つです。このような企業のいわば「基本設計」を組む能力は、標準を上回るパフォーマンスへ結び付く可能性を秘めています。

第3節　資源、ケイパビリティ、コンピタンス

　本節では、ここまでの内容を3つの概念にまとめます。そうした後、これらの概念がパフォーマンスとどう結び付くかについて考えます。

■　資源

　先にも触れた通り、資源というのは、企業が設定した目標を達成しようとする際に利用できる支援的手段のことを指します。資源は有形のものと無形のものに大きく分けられます。有形の資源は数値で表すことができるもので、例えば人的資源、製造資源（例えば、設備）、および天然資源（例えば、土地）などです。一方、無形の資源とは、例えば企業の「基本設計」方法、企業内部の文化、あるいはブランド名や評判といったものです。こうした無形の資源は、図3では「企業」の部分に含まれます。

■ ケイパビリティ

　ケイパビリティとは、これまでの説明で「（資源が提供し得る）サービス」と呼んできたものです。資源は大抵、多数のケイパビリティの可能性を持っています。ケイパビリティの可能性を特に多く秘めているような資源は、先述したように、人的資源です。しかし、その他の資源もまた、人的資源ほどではないでしょうが、複数のケイパビリティを有しています。例えば、建物という物的資源を考えてみましょう。建物にはいくつかの使い道があるはずです。オフィスとしても使うこともできますし、作業場としても使うことができます。あるいは、倉庫としても利用可能でしょう。こう考えると、建物という資源は複数のケイパビリティを有していると言えます。他の例として、ブランドという無形資源の場合はどうでしょうか。よく、特定の商品と結び付いているようなブランド名を使って、新たな関連市場（時には無関連の市場）を掘り起こすということが行われます。読者の方々は、「どうしてこのブランド名がこの商品に付いているのだろう？」と感じたことはないでしょうか。これは、ブランドという無形資源が、複数のケイパビリティを有しているであろうことの現れです。

　以上のように、資源というものは、程度の差こそあれ複数のケイパビリティを持っています。しかしこのケイパビリティは、変わることなく維持されるような代物ではありません。訓練や再開発によって、あるいは経験によって、変化する可能性があります。例えば、倉庫として使っていた建物をオフィスとして使おうとすれば、改修が必要となります。また、企業は従業員を新たに雇うとまず、それぞれの従業員が担当する役割についての訓練を施さなければなりません。しかしケイパビリティ

が変化するということは、必ずしもコストや手間だけをもたらすもので
はありません。例えば、ある特定の従業員のケイパビリティは、担当す
る役割に関する経験が増すにつれて成長するはずです。あるいは、ケイ
パビリティが変化することによって、ある特定の従業員が同じ企業の中
で、これまでとは異なる新たな役割を担うようになるかもしれません。

■　コンピタンス

　アウトプットを生産するためには、ケイパビリティを有するような資
源を組み合わせる必要があります。コンピタンスとはこの「実際の組み
合わせ方」のことであり、決まりきった手順（ルーティンと言います）
が重なり合ったものです。コンピタンスという表現は、実際のルーティ
ンそのものを指すだけでなく、ルーティン同士のつながり方を指すもの
でもあります。小売企業A社の例で言うと、店舗フロアーにおけるルー
ティンと倉庫におけるルーティンだけでなく、店舗フロアーと倉庫のつ
ながり方というルーティンもあるわけです。

　コンピタンスもやはり、時間の経過とともに発達します。というの
は、資源がより一層コンピタンスに精通するようになったり、あるいは
資源自体が変化したりするからです。企業が開発したコンピタンスは、
「記憶」としてその企業に埋め込まれ、企業内部の文化を部分的に形成
することとなります。

■　パフォーマンスと結び付ける（その１）

　ここまでは、資源、ケイパビリティ、コンピタンスという基本概念に
ついて説明してきました。次に、これらの概念をパフォーマンスと結び

付けて考えてみましょう。まずは、標準的なパフォーマンスを得るために企業が持っていなければならない資源、ケイパビリティ、コンピタンスについて、パン屋を例に説明します。

　実際のパン屋はもっと複雑だとは思いますが、分かりやすさを優先して、多少単純化しておきましょう。まず、パン屋が必要とする製造資源は、小麦粉、オーブン、陳列棚、それからレジです。また、パン屋はパンを焼いて顧客にサービスするので、人的資源を必要とします。さらには、砂糖、水、ミルク、燃料といった天然資源も必要となります。こうした資源がなければ、パン屋は機能しませんので、パンを焼いて顧客にサービスすることができません。とはいっても、これらの資源をただ持っているだけでは不十分です。パン屋のマネジメントは、パンの焼き方や顧客への販売の仕方を考えて、適切に資源を配置する必要があります。人的資源に関しては、その人がどのようなケイパビリティを持っているかにもよりますが、マネジメントによって、例えばパン職人や店員などの役割が与えられます。

　このことに加えて、パンを生産して販売するためのコンピタンスが開発、導入される必要があります。従って、毎日何時に開店するかを決めなければなりませんし、パン焼きの時間も決めなければなりません。さらには、毎日の売上から必要経費を差し引いて残額を預金するというルーティン、スタッフに給料を支払うというルーティン、供給業者に支払いを行うというルーティン、といったものまで決めなければなりません。

　すべてのパン屋に共通していえることですが、あらゆる資源、ケイパ
ビリティ、それからコンピタンスが準備万端に整って初めて、パン屋は
きちんと機能し、パンを作って顧客に販売することができます。要する
に、企業が標準的なパフォーマンスを得るためには、的確なケイパビリ
ティを伴った最小限の資源を持っていて、さらにはインプットからアウ
トプットへの変換プロセスがきちんと発生するようなコンピタンスを開
発、導入しておかなければならないというわけです。

■　パフォーマンスと結び付ける（その２）

　上記のパン屋の例では、必要となる資源として製造資源、人的資源、
天然資源を挙げました。しかし、これらの資源の性格、つまり手に入り
やすい資源なのかどうか、という点については特に触れませんでした。
そこで次に、資源の性格にまで踏み込んで考えてみたいと思います。特
に、容易に入手することができるような資源（一般的資源と言います）
を想定して、パフォーマンスとの結び付きを考えてみましょう。

　資源が有する価値には２つの側面があり、それらは「本質的な価値」
と「使用における価値」と呼ばれます。一般的資源の場合には、本質的
な価値は、その一般的資源を手に入れる際に支払った金額、つまり資源
の価格に反映されています。一方、使用における価値というのは、資源
を手に入れる時点では分からないような価値で、企業内の他の資源と結
合してみて初めて明らかになるものです。通常は、「資源の使用におけ
る価値は、本質的な価値を超えているはずだ」と考えられています。図
３のＸ、Ｙ、Ｚが一般的資源であるとすると、それらの価値は、入手さ
れた時点ではなく組み合わせられた段階でようやく、増加を見せること

となります。つまり、一般的資源のみを持っているような企業にとって
は、それぞれの資源を結合させることこそが、価値を付加するような行
いだといえるのです。

　ここで小売企業Ａ社の例に戻って、レジ係としてＡ社に雇われている
従業員を想像してみてください。Ａ社は市場からレジ係を容易に入手す
ることができるとしましょう。また、レジ係に800円の時給を支払って
いるとします。この時給800円というのは、レジ係の本質的価値を表す
ものです。つまり、「人的資源がレジサービスを行うこと」に対して、
市場が「それは800円の価値に相当するものだ」と評価したということ
です。時給800円で雇われている人的資源は、レジそのものと結合され
ることによって、付加価値を生み出します。

　図４はこの様子を示したものです。Xpは市場での資源Xの価格を表
しています。つまり、レジ係の時給が800円だということです。Xvは、
資源Xが企業に対してもたらす価値の合計です。これは、資源Xが資源
Yや資源Zと組み合わされることによって生み出されます。図４では
1,200円としています。そうすると、資源Xが企業に対して付加する価
値は、Xv－Xp（＝1,200円－800円＝400円）と表すことができます。

　また、図４では付加価値は一定であるということが示されています。
つまり、どの人的資源であっても常に、企業に対して同等の価値をもた
らすものだということです。図４では、資源Xと同様に、資源Yと資源
Zも一般的資源であると想定しています。従って、市場はレジそのもの
についても尽きることなく提供し続けます。よって、すべてのレジ係は

図 4　一般的資源
（出典）Cashian（2007）p.155を筆者が一部修正・翻訳

等しく有能であるといえます。

　さてここまでは、付加された価値はすべてが企業のものになる、と暗に考えてきました。しかし、そうはならない場合も多々あります。資源が付加した価値は、程度の差こそあれ、その資源の持ち主に還元されるものです。それゆえ、Xv － Xp（＝400円）の取り分をめぐって、企業と資源の持ち主との間で交渉がなされます。資源Xに還元される分の付加価値をXtとすると、資源Xが企業に対して付加する価値は、Xv － Xp － Xtとなります。

　先のパン屋の例で示した、標準的なパフォーマンスを得るために最小限持っておくべき資源を思い出してください。ここで仮に、すべてのそうした資源が一般的資源であるとしましょう。さらには、資源の一部の

所有者によってコレクティブ・アクションが行われる、といった事態は
ないとしましょう。コレクティブ・アクションというのは、資源が付加
した価値を、資源の所有者が回収しようとする行動のことをいいます。
代表的なものとしては、労働組合の存在です。もしこうしたコレクティ
ブ・アクションがなければ、Xtは実際のところゼロになります。つま
り、Xは一般的資源ですので、無制限に供給がなされます。そうすれば、
資源が付加した価値を、企業が資源の所有者に対して幾分でも移動させ
る理由はなくなります。例えば、資源の一部の所有者がコレクティブ・
アクションに踏み切ったとしましょう。資源の一部の所有者が、「自分
たちの貢献によって付加された価値のうち、より多くの取り分を自分た
ちが確保できるような状況でなければ、資源の使用を引き揚げるぞ」と
言って企業にアピールしたとしても（人的資源であれば、例えば「会社
を辞めるぞ」ということ）、企業はその資源の市場へ出向いて、他の供
給者から同様の市場価格で資源Xを入手すれば何の問題もありません。
つまり、一般的資源の所有者は、自らの貢献によって付加された価値の
いくらかを自身に還元させようとしても、そう仕向ける力を微小にしか
持っていないのです。小売企業A社の例で言うところのレジ係がこの
ケースといえます。

　ここでもう一度、架空の製品「？」を生産する企業の例を思い出して
ください。一般的資源だけを使用して「？」を生産するわけですから、
もしそのような企業が100社あったとしても、100社すべてが資源、ケイ
パビリティ、および付加されるであろう価値の点で同様の状況に置かれ
ているはずです。従って、もしすべての企業が効率的に組織化されてい
れば、すべての企業は同様のパフォーマンスを生み出す、つまり標準的

図5　標準を下回るパフォーマンス
（出典）Cashian（2007）p.157を筆者が翻訳

なパフォーマンスを達成するはずです。一般的資源が効率的に組織化されると、一般的なコンピタンスの開発がもたらされ、それゆえ一般的なパフォーマンスにつながる、という仕組みです。ということは、もし企業が効率的に組織化されていなければ、どうなるのでしょうか。図5を見てください。そのような場合には、Xによって付加される価値は、図5のXiへと減少します。つまり、一般的資源が効率的に組織化されていなければ、標準を下回るパフォーマンスがもたらされてしまうということです。

第4節　ライバルを寄せ付けない方法

　前節では、一般的資源のみを使用する企業をイメージして資源ベースビューの説明を進めました。一般的資源は、市場において限りなく供給

されていて、容易に入手することができるものです。こうした想定の仕方は、現実と照らし合わせてみても、もちろん単純すぎます。しかしながら、このような単純なケースにおいてでさえ、資源ベースビューは、非常に似通った企業の間にパフォーマンスの差が生じる理由を示すことができるのです。

　しかしながら、前節で説明した「企業ごとのパフォーマンスの差」の意味は、標準的かあるいはそれを下回るのか、というものでした。そこで、議論を一歩進めて、本節では標準を上回るパフォーマンスを生み出すためのポイントについて解説します。さらには、標準を上回る状態が一時的なものではなく持続的なものとなるためのポイントについても触れたいと思います。なお、ここではライバルとの関係性を考える必要がありますので、標準を上回るパフォーマンスを「競争優位」に、また、標準を上回るパフォーマンスの持続を「持続的な競争優位」に置き換えて説明を進めます。

■　資源ベースの壁を築く
　企業は資源やケイパビリティやコンピタンスを使用して、どのように「資源ベースの壁」、つまり競争優位の持続的な源泉をつくり出すのでしょうか。この仕組を説明するものとして、VRIO（ブリオ）フレームワークがあります。VRIOフレームワークとは、資源やケイパビリティやコンピタンスが持続的な競争優位へどのように結び付くのかを考えるための分析枠組みです。

　それぞれのアルファベットの意味は次の通りです。まずVは「Value」

を表していて、「価値」を意味しています。次のRは「Rarity」で、意味は「希少性」です。またIは「Imitability」を表していて、「模倣可能性」を意味します。最後にOは、「組織」を意味する「Organization」です。VRIOフレームワークでは、これら4つのアルファベットは、「問い」の形を取ります。つまり、価値に関する問い（V）、希少性に関する問い（R）、模倣可能性に関する問い（I）、および組織に関する問い（O）です。以下ではそれぞれの問いについて具体的に見ていきます。

　まずVの問いでは、付加価値について聞いています。付加価値の背後にある基本的な考え方としては、全体は個々の部分の合計よりも大きくなる（例えば、1＋1＝3）というものです。企業が行うさまざまな活動のうち、こうした付加価値の考え方が効いているようなものを「付加価値活動」と呼びます。例えば、ある企業が2種類の資源を結合したとしましょう。その企業が付加価値活動を行っているといえるためには、2種類の資源が生み出す価値、すなわち収益が、それらの資源を結合させる際にかかったコストを超えていなければなりません。もし、2種類の資源の結合にかかるコストが、生み出される価値よりも大きなものであったとしたら、その企業は付加価値活動を行っているとはいえず、むしろ企業から価値を奪い去るような活動を行っているということになります。Vの問いとは、「資源は価値を付加しているのか？」というものです。

　Vの問いについてもう少し理解を図るために、数字を使って説明してみましょう。ある企業が、1日稼働させるのに500円のコストがかかるような機械を持っているとします。さらにこの企業は、機械を動かすた

めに、ある１人の労働者を１日1,000円で雇ったとします。そうすると、もし１日当たり2,000円の価値を有するようなアウトプットが生み出された場合には、この企業は付加価値活動を行っているといえます。つまり、2,000円－1,000円－500円＝500円です。しかし、もし１日当たり1,200円の価値を有するようなアウトプットしか生み出されないとすると、この企業は付加価値活動を行っているとはいえません。むしろ、企業から価値を奪い去るような活動を行っているということになります。つまり、1,200円－1,000円－500円＝－300円です。

　次に、Ｒに関する問いへ移りましょう。この問いでは、Ｖの問いをクリアした資源やケイパビリティについて、その利用可能性を尋ねています。つまり、企業が抱えている資源やケイパビリティが、何らかの形で差別化されていたり、ユニークなものであったりするかどうかに関する質問です。もしそうであるならば、企業は競争優位の源泉を有している可能性があります。従って、標準を上回るパフォーマンスにつながる可能性も出てきます。仮に、Ｖの問いをクリアしてはいるものの、希少ではなく一般的な資源やケイパビリティがあるとしましょう。そうしたものは、良くても競争均衡しかもたらしません。

　次のＩに関する問いについてもいえることですが、ここでのポイントは、資源やケイパビリティが競争優位の源泉となる可能性を帯びるためには、前の質問群をすべてクリアしておかなければならないということです。

　今度は、Ｉの問いについて見てみましょう。この問いは、価値があっ

てしかも希少であるような資源やケイパビリティが、他の企業から真似されにくいものであるかどうかについて聞くものです。もし資源やケイパビリティが、他の企業から真似されにくいようなものであったり、あるいは他の企業が真似しようとしてもコスト面で難しいようなものであったりすれば、企業は競争優位を創造することができるだけでなく、その優位性を持続させることもできるようになります。そのような資源やケイパビリティを有する企業は、標準を上回るパフォーマンスを持続させるための基盤を持っているといえます。

　さてここまでは、ある資源やケイパビリティが（持続的な）競争優位の源泉となりそうかどうかという「可能性」について、その条件を聞く問いでした。これに対してOの問いは、企業がVとRとIの条件を満たすような資源やケイパビリティを持っている場合に、さらに（持続的な）競争優位の源泉となる「可能性」をフルに実現することができるような組織（つまり状況）までも併せ持っているのか、という点について尋ねるものです。ですので、Oの問いは、資源やケイパビリティに関する問いというよりもむしろ、コンピタンスに注目したような問いであるといえるかもしれません。しかし、Oの問いを拡張して、資源に向けることもできます。ここで、資源とコンピタンスの違いが主にどこにあるか考えてみましょう。資源とコンピタンスは、「移動できるかできないか」という点で主に異なります。資源の場合には、資源の市場を通して売却されることがありますので、移動することが可能です。これは有形資源に限った話ではなく、商標やブランドや評判といった無形資源についてもいえることです。従って、Oの問いを資源に向けて拡張すると「資源は移動可能なものか？」という問いになります。具体的には、「資源は

複製が困難なものか？」、「資源は売却することができるか？」、といった内容です。

■ VRIOフレームワークとパフォーマンスの関係

さてここまでは、VRIOフレームワークが競争優位とどう結び付くのかについて説明してきました。それでは次に、VRIOフレームワークとパフォーマンスの結び付きがどのようになっているのかについて見てみましょう。

まずは、「標準的なパフォーマンス」や「標準を上回るパフォーマンス」や「標準を下回るパフォーマンス」の意味について、若干修正することから始めたいと思います。ここでいう「標準」とは、産業の平均値のことです。つまり、ある企業が属する産業内のその他の企業によって獲得されているような、平均的価値のことです。従って、標準を上回るパフォーマンスというのは、企業が産業の平均的価値よりも高い価値を創出しているということを意味します。「標準」の正確な意味は、第1章で示したように、次善の選択肢のことです。しかしながら、やはり第1章で触れたように、正確な計算を行うことは企業にとっても生産要素の所有者にとっても、難しい作業です。そこで、簡便な方法として、産業の平均を次善の選択肢とみなすのです。

VRIOフレームワークを標準的なパフォーマンスを得るために持っておくべき資源やコンピタンスに当てはめてみると、標準的なパフォーマンスを得るためには、企業は以下の3点を踏まえておく必要があるということが分かります。まず1点目は、標準的なパフォーマンスを得るた

めに持っておくべき資源とケイパビリティです。次に２点目としては、こうした資源やケイパビリティが、価値を付加するような方法で結合されていなければなりません。そして最後に、付加価値活動が実際に発生するようなコンピタンスが開発されている、という点です。

標準的なパフォーマンス　⇒　標準的なパフォーマンスを得るために
*　　　　　　　　　　　　　　持っておくべき資源とケイパビリティ*
*　　　　　　　　　　　　　　＋価値が付加されていること*
*　　　　　　　　　　　　　　＋効率的に組織化されていること*

　企業が標準を上回るパフォーマンスを短期的に得ようとすると、上記の３点に加えて、資源やケイパビリティやコンピタンスのいずれか一部が、希少なものである必要があります。さらには、希少な資源やケイパビリティやコンピタンスによって発生した標準を上回るパフォーマンスを、長期的に得たいような場合には、資源、ケイパビリティ、コンピタンスのミックスが部分的にでも、他の企業による複製や模倣から逃れていなければなりません。

短期的な標準を上回るパフォーマンス　⇒　標準的なパフォーマンスの
*　　　　　　　　　　　　　　　　　　　　　条件*
*　　　　　　　　　　　　　　　　　　　　　＋希少性*

長期的な標準を上回るパフォーマンス　⇒　短期的な標準を上回るパ
*　　　　　　　　　　　　　　　　　　　　　フォーマンスの条件*
*　　　　　　　　　　　　　　　　　　　　　＋模倣困難性*

以下では、VRIOの条件についてより具体的に説明します。

■ 「標準を上回るパフォーマンス」の状態を生み出す

先に示したように、標準を上回るパフォーマンスの達成は、企業が希少な資源を持っているか、あるいは希少なコンピタンスを開発しているということを通してなされます。ここでいう「希少な」という表現は、特定の資源やコンピタンスが通常は手に入らず、企業からすると特殊なものだという事実について示すものです。資源の場合であれば、例えば企業が、一定ではなく減少を見せるような使用における価値を伴う資源を持っている、ということです。

図6を見てください。Vの線は、価値を表しています。Vは右下方へ傾斜していますが、これが意味するものは、資源Xの価値は、より多く使用されるに従って減少するということです。ここで、Aという企業がある量の資源Xを持っているとしましょう。このことは図6の中ではXaで示されています。さらに、Bという企業もやはりある量の資源を持っていて、Xbで示されるとしましょう。もし資源Xの市場価格がXpで一定であるとしたら、資源Xは企業Bよりも企業Aに対して、より多くの価値をもたらすということが分かります。資源Xが企業Aにもたらした価値は、Va－Xpです。一方、資源Xが企業Bにもたらした価値はVb－Xpです。Va－XpとVb－Xpを比較すると、Va－Xpの方が大きくなっています。ここで、図3を思い出してください。資源Xは企業Bと比べて企業Aの方により高い価値をもたらしたわけですが、もし資源Yと資源Zが依然として一般的資源であるとするならば、企業Aの価値の方が企業Bの価値よりも水準の高い「標準を上回るパフォーマンス」へ

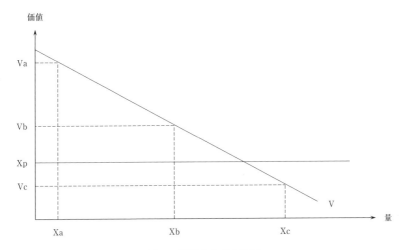

図6　短期的な希少資源
（出典）Cashian（2007）p.157を筆者が翻訳

と結び付く、ということが分かります。

　図6の中にはもう1つ、Cという企業が示されています。この企業は最も良くない立場に置かれており、資源Xが企業Cから価値を奪い去ってしまっています。しかし、資源Xは標準的なパフォーマンスを得るために持っておかなければならない資源ですので、企業Cは標準を下回るパフォーマンスに甘んじるしかありません。図6の横軸を見てください。XaからXb、XbからXcとなるにつれて、資源の量が増えていく、つまり、希少な資源ではなくなっていきます。一方、縦軸を見てみると、VaからVb、VbからVcとなるに従って、価値は次第に減少していきます。Vcに関しては、価値が負になっています。

　この様子は、希少なコンピタンスについても当てはまります。つまり、希少なコンピタンスを開発している企業は、希少なコンピタンスを開発していない他の企業よりも、持っている資源からより多くの価値を組織的に生み出しているということです。

　しかしながら、たとえ希少な資源やコンピタンスを持っていたとしても、そのような企業は、標準を上回るパフォーマンスを短期的に生み出すような可能性を秘めているに過ぎません。どうして「短期的に」なのかと言うと、3つの理由があります。まず1つ目の理由としては、希少な資源は希少であり続けない可能性もある、というものです。少し懐かしい話ですが、「2000年問題（Y2K問題）」という問題がありました。これは、コンピューターが年数の表記を西暦の下2桁で行っていると、2000年を1900年と解釈してしまうかもしれず、2000年になると同時に誤作動を起こす可能性がある、というものでした。金融機関や鉄道会社をはじめとした数多くの企業や組織は、この問題に対処しようとしてプログラマーを求めました。その結果、プログラマーの数が不足するという事態に陥りました。この例で端的に示されているように、資源の希少性というものは、一時的な欠乏（不足）から生じる側面もあります。それゆえ、ひとたび不足について対処がなされると、図6における企業Aの価値上の優位性は消滅し、図4の状況へと逆戻りしてしまいます。別な言い方をすると、不足が取り除かれるということは、希少な資源を一般的資源へと変化させます。そうすると、そのような資源を使用することからもたらされる価値は、すべての企業にとって同一のものとなります。これは、企業Cのような立場であっても同様です。

　標準を上回るパフォーマンスが消滅する（短期的なものである）２つ目の理由としては、価値が移転される、というものです。一部の資源の場合には、仮に資源がもたらす価値が減少してしまったとしても、市場がそのことを反映して資源の価格を調整するかもしれません。図７で示されるように、資源Xの価格は、使用における価値の高低、すなわち、各企業がどの程度資源Xを質の高いものとして捉えるかによって、直接的に変化します。このことを表すものが、Xpの線です。ここで、Qaは企業Aにとっての資源Xの質、Qbは企業Bにとっての資源Xの質を表します。資源Xは、企業Bよりも企業Aにとって、比較的使用における価値が低いものとみなされています（Qa＜Qb）。しかしながら、たとえ資源Xが企業Aに対してもたらす価値（Va）の方が、企業Bに対してもたらす価値（Vb）よりも大きいようであったとしても、企業Aは資源Xに対して企業Bよりも多く支払います（Pa＞Pb）。というのは、市場が資源Xの価格をばらつかせることによって、資源Xが企業Aと企業Bに対してもたらす付加価値は等しくなろうとするからです（(Va－Pa) ＝ (Vb－Pb)）。こういう手はずで、市場による価格の調整を通して、企業Aの標準を上回るパフォーマンスは制限されます。身の周りでこのことが当てはまる例としては、賃貸価格でしょう。例えば、新潟市の中心部にあるようなオフィス空間の賃貸価格の方が、（オフィスを構えるのに適さない）農村部にあるオフィス空間の賃貸価格よりも明らかに高いはずです。図７で言うと、Paが新潟市の中心部にあるオフィス空間の賃貸価格、Pbが農村部にあるオフィス空間の賃貸価格です。

　さて、「パフォーマンスと結び付ける（その２）」の内容を思い出してください。その中で、コレクティブ・アクションについて触れました。

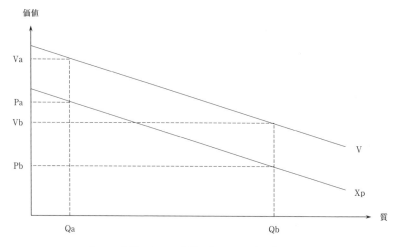

図7　市場によって調整が行われた後の希少資源
（出典）Cashian（2007）p.159を筆者が翻訳

　その際、資源Xの持ち主に還元される分の付加価値を、Xtとしました。
先の説明においては、資源Xが一般的資源であればXtは実際のところ
ゼロになると言いましたが、もし資源Xが希少な資源であればXtの値
はどのようになるでしょうか。希少資源は市場が限りなく供給するもの
ではありません。それゆえ、希少資源の持ち主は、自らの貢献によって
付加された価値のいくらかを自身に還元させようと仕向ける力を明らか
に持っているといえます。そうすると、標準を上回るパフォーマンスは
消滅することとなります。つまり、標準を上回るパフォーマンスが消滅
する（短期的なものである）３つ目の理由は、Xtが正の値となる、と
いうものです。

　このことについて、図８で確認してみましょう。Vtの線によって、

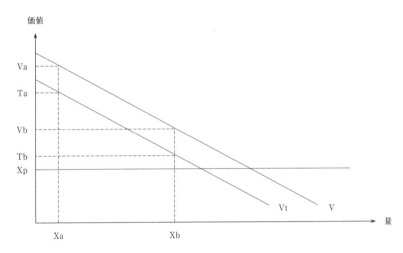

図8 価値が移転した後の希少資源
（出典）Cashian（2007）p.159を筆者が翻訳

　希少な資源であるXの持ち主に付加価値がある程度還元される、という
ことが示されています。これは企業の側からすると、自分のものになる
はずの付加価値の一部が、実際にはそうならなかった、ということを意
味しています。図の中で、企業Aは希少な資源Xを有しています（Xa）。
この企業は、以前においてはVa－Xp分の付加価値を自分のものとして
いました。しかしながら今では、この付加価値（Va－Xp）のうちTaの
分は希少な資源Xの持ち主に移転されてしまったため、企業AにはVa
－Ta分の付加価値だけが残されています。企業Bについても要領は同
じです。企業Bは、希少な資源Xを有しています（Vb）。企業Bは、以
前においてはVb－Xp分の付加価値を自分のものとしていました。しか
し今では、この付加価値（Vb－Xp）のうちTbの分は希少な資源Xの持
ち主に移転されてしまったため、企業BにはVb－Tb分の付加価値だけ

が残されています。Va－TaとVb－Tbを比較すると、Va－Ta＝Vb－Tbです。ここでもやはり企業Aが得た短期的優位性は消滅しています。こうした事態は、例えば歩合ベースで働く従業員のような仕事において生じるものです。

■ 「標準を上回るパフォーマンス」の状態を持続させる

　企業が希少な資源や希少なコンピタンスを持っていても、先に説明したような理由から、標準を上回るパフォーマンスは短期的にしか生み出されません。短期的な標準を上回るパフォーマンスが長期にわたって持続するようになるには、VRIOのうちⅠの条件がクリアされる必要があります。つまり、希少な資源や希少なコンピタンスが模倣困難、つまり他の企業が真似しようとしても難しいようなものでなければなりません。

　ここで、模倣には「複製」と「代替」の2種類があります。複製というのは、ターゲットを直接的にそのままコピーすることです。また、代替というのは、ターゲットの代わりとなるものを探してきて、同じ働きをさせることです。コンピタンスの場合には、「複製」の意味での模倣困難性が求められます。しかし、資源の場合にはさらに、「代替」の意味での模倣困難性も併せて求められます。

　模倣困難性の源泉には、さまざまなものがあります。しかし本書では、特に「経路依存性」と「代替不可能性」という源泉に絞って説明します。前者は複製、後者は代替に関するものです。

　まず経路依存性というのは、資源やコンピタンスは長期の学習や投資によって蓄積されていくものなので、従ってライバル企業はこのプロセスを真似することはできない、という考え方です。例えば、コカ・コーラのブランド名を消費者が「知っている」という状況は、まず複製することはできません。広告に何億円費やしたからといって複製できるわけではありません。それに、実際問題として、コカ・コーラのブランド名は莫大な広告費を使って作られたものでは必ずしもありません。むしろ、消費者がコカ・コーラをずっと飲んできたことにより、自然とブランド名が生まれてきたといえます。つまり、長年の消費者の経験が要になっているということです。

　次に代替不可能性とは、自社の有する特定の資源を、ライバルが別の資源をもって（組み合わせて）真似することができないということです。直接的に真似するのではなく、他の資源で代行させるということです。例えば、ある企業が競争優位性を得ているとします。また、その企業が競争優位にある理由は、トップの人々の間のコミュニケーションが優れていることだとしましょう。このような場合、もしあるライバル企業が代替によって真似しようとすると、例えば「優れたコミュニケーション」を「高度な経営情報システム」によって代替しようとするかもしれません。つまり、「優れたコミュニケーション」と同じ働きを「高度な経営情報システム」にさせようとするかもしれません。もしこの試みがうまくいけば、「優れたコミュニケーション」と「高度な経営情報システム」という2つの資源は、互いに代替の関係にあると見なせます。その場合には、「優れたコミュニケーション」による競争優位は長続きしないということになります。

第4章　オフショアリングと競争優位の関係

　本書で提起する問題を、以下に再掲します。本書ではこの問題を提起
するに当たり、まずDell社によるオフショアリングの事例を紹介しまし
た。さらに、考察の材料として資源ベースビューを解説しました。読者
の方々は「何らかの現象や問題に直面する」という経験と、「論理的か
つ説得的に意見を形成して解決を図る」ための材料を、本章までに得た
はずです。まとめの意味を兼ねて、本章ではオフショアリングの戦略的
役割について、資源ベースビューを用いて考察したいと思います。

〈問題提起〉（再掲）
　*企業にとって、オフショアリングを利用することは戦略的に好ましい
ものといえるのか？*

　資源ベースビューによる考察に進む前に、以下ではまず、この問題を
より具体的に書き換えることから始めます。

第1節　問題の設定

　まずDell社のオフショアリング事例をよく読むと、いくつかのパター
ンに分類することができます。まず1つ目のパターンは、アイルランド
の事例とインドの事例です。2つ目のパターンとしては、台湾の事例で
す。そして最後のパターンが、ロシアの事例です。こうしたパターン分
けは、「オフショアリング先の受け入れ形態」という軸を使えば行うこ

とができます。つまり、オフショアリング先のロケーション（Dell社の例で言うところの、アイルランド、インド、ロシア、台湾）において、どのような形で仕事が着手されているのか、という点を軸とします。1つ目のパターンでは、Dell社が会社を設立しています。具体的には、Dell社自身がオフショアリング先に子会社をつくり、そこで現地の人々を雇用し、仕事をしてもらっているのです。このパターンのオフショアリングのことを、「キャプティブ・オフショアリング」と言います。これに対して2つ目のパターンでは、Dell社は現地の第三者企業であるサービスプロバイダーに対して仕事を任せています。これは、「オフショア・アウトソーシング」と呼ばれるパターンのオフショアリングです。それから3つ目のパターンでは、Dell社は現地の第三者企業と協力してDell社専用のセンターをつくり、独自の基準で採用した人材に、そのセンター内で仕事を担当してもらっています。本書ではこのパターンのオフショアリングのことを、「ハイブリッド・オフショアリング」と呼びます。そうすると、「企業にとって」という部分を3つの側面に分けて、問題をより具体的に書き換えることができます。

〈問題提起1〉

　企業によるキャプティブ・オフショアリングの場合、オフショアリングを利用することは戦略的に好ましいものといえるのか？

〈問題提起2〉

　企業によるオフショア・アウトソーシングの場合、オフショアリングを利用することは戦略的に好ましいものといえるのか？

〈問題提起3〉

　企業によるハイブリッド・オフショアリングの場合，オフショアリングを利用することは戦略的に好ましいものといえるのか？

　次に「オフショアリングを利用することは戦略的に好ましいものといえるのか」という部分についても手を加えることができます。要は，オフショアリングの戦略的な好ましさ，すなわちオフショアリングがもたらす競争上の好ましい帰結について考えると良いわけです。そうすると，問題提起1，2，3を以下のように修正することができます。

〈問題提起1（修正後）〉

　企業によるキャプティブ・オフショアリングは，競争優位に結び付き得るものなのか？

〈問題提起2（修正後）〉

　企業によるオフショア・アウトソーシングは，競争優位に結び付き得るものなのか？

〈問題提起3（修正後）〉

　企業によるハイブリッド・オフショアリングは，競争優位に結び付き得るものなのか？

第2節　VRIOフレームワークを用いた考察

　本節では，それぞれのパターンのオフショアリングについて，VRIO

フレームワークを利用して検討します。表2はVRIOフレームワークを
要約したものです。このVRIOというレンズを通せば、Dell社が資源
ベースの優位性を得られそうかどうか、見えてきます。

　まず、どのパターンのオフショアリングであっても、企業にとって価
値あるものだと考えられます。オフショア化先の国々における人件費の
差を利用することで、コストの削減を図ることが期待できます。また、
標準労働時間が長いような国をオフショア化先として選ぶことによっ
て、ある仕事を行うために必要となる人材数を減らすことが期待できま
すので、生産性が高まる可能性もあります。

　次に、3つのパターンのオフショアリングを比較したとき、企業が最
も容易に踏み出せないものはキャプティブ・オフショアリングやハイブ
リッド・オフショアリングだと考えられます。このような場合には、希
少性が存在します。現時点でキャプティブ・オフショアリングやハイブ
リッド・オフショアリングを行っている企業はあまり多くありません。

Vの問いに対する答え	Rの問いに対する答え	Iの問いに対する答え	Oの問いに対する答え	競争上の帰結	パフォーマンス上の帰結
いいえ	—	—	いいえ	競争劣位	標準を下回るパフォーマンス
はい	いいえ	—	はい	競争均衡	標準的パフォーマンス
はい	はい	いいえ	はい	一時的な競争優位	短期的な標準を上回るパフォーマンス
はい	はい	はい	はい	持続的な競争優位	長期的な標準を上回るパフォーマンス

表2　VRIOフレームワークの要約
（出典）Peng（2008）p.72を筆者が一部修正・翻訳

そのため、ある企業がキャプティブ・オフショアリングやハイブリッド・オフショアリングに着手する場合には、先発の優位性が得られる可能性があります。しかし、その効果は一時的です。というのは、ライバル企業はそうした動きを長期的に模倣することができるかもしれないからです。

　ただし、キャプティブ・オフショアリングについては特筆すべき点があります。それは、キャプティブ・オフショアリングを実行する際にかかるコスト面や知識面でのハードルの高さです。この特徴は、複製を抑止するものとして機能し、それゆえキャプティブ・オフショアリングに追加的な希少さをもたらします。一方、オフショア・アウトソーシングの場合には、希少性の問いに「はい」とは答えられません。なぜなら、第三者のサービスプロバイダーへのオフショア・アウトソーシングは、どのライバル企業であっても利用することができます。つまり、着手しようという意思がある企業にとって、オフショア・アウトソーシングは比較的容易に実行可能な選択肢なのです。

　さらに、模倣困難性に関しては、キャプティブ・オフショアリングのみが「はい」と答えられます。その理由は、ある企業がキャプティブ・オフショアリングへ着手するに至る経緯は、往々にして、他のライバル企業とは異なるものだということです。ある企業が自身の歴史においてたどった経路を、ライバル企業が真似することは非常に困難です。キャプティブ・オフショアリングはこうした経路依存的な性格を持つので、ライバル企業による模倣が困難だと考えられます。

　ここまでの内容を整理したものが表3です。先述のように、Oに関する問いは企業が有するコンピタンスに向けられたものであって、効率的に組織化されているかどうかを尋ねるものです。この点については、個々の企業によるオフショアリングに対する努力によって決まるところが大きいと考えられます。そこで、Oの問いに関してはすべて「はい」であると期待しておきたいと思います。

　以上の考察から、修正後の問題提起1、2、3について、それぞれ以下のような回答を得ることができます。

〈問題提起1（修正後）に対する回答〉
　キャプティブ・オフショアリングを行う企業は、それを効率的に組織化するようなコンピタンスを有していれば、持続的に競争優位を得る可能性がある。

〈問題提起2（修正後）に対する回答〉
　オフショア・アウトソーシングを行う企業は、競争均衡を得る可能性

オフショアリングの パターン	Vの問いに 対する答え	Rの問いに 対する答え	Iの問いに 対する答え	Oの問いに 対する答え	競争上の帰結
オフショア・ アウトソーシング	はい	いいえ	いいえ	（はい）	（競争均衡）
ハイブリッド・ オフショアリング	はい	はい	いいえ	（はい）	（一時的な競争優位）
キャプティブ・ オフショアリング	はい	はい	はい	（はい）	（持続的な競争優位）

表3　VRIOフレームワークを用いた考察
（出典）筆者作成

がある。

　（ただし注意すべき点としては、例えばコストの大幅な削減といった
よくある目的に引っ張られて、安易にオフショア・アウトソーシングを
行うことは避けた方がよい。異文化との関係づくりに伴う予想外のコス
トが発生した場合には、競争劣位をもたらす可能性すら出てくる）

〈問題提起3（修正後）に対する回答〉
　ハイブリッド・オフショアリングを行う企業は、それを効率的に組織
化するようなコンピタンスを有していれば、一時的に競争優位を得る可
能性がある。

参考文献

Barney, J. B. (2002). *Gaining and Sustaining Competitive Advantage (Second Edition)*. Prentice-Hall. (岡田正大訳『企業戦略論―競争優位の構築と持続 (上・中・下)』ダイヤモンド社、2003年)

Cashian, P. (2007). *Economics, Strategy, and the Firm*. Palgrave Macmillan.

Collis, D. J. & Montgomery, C. A. (1998). *Corporate Strategy: A Resource-Based Approach*. McGraw-Hill. (根来龍之、蛭田啓、久保亮一訳『資源ベースの経営戦略論』東洋経済新報社、2004年)

Hitt, M., Ireland, R. D., & Hoskisson, R. (2008). *Strategic Management: Competitiveness and Globalization. Concepts & Cases (8th Edition)*. South-Western College Pub. (久原正治、横山寛美監訳『戦略経営論―競争力とグローバリゼーション』センゲージラーニング株式会社、2010年)

Peng, M. W. (2008). *Global Strategy (Second Edition)*. South-Western College Pub.

Robinson, M., Kalakota, R., & Sharma, S. (2005). *Global Outsourcing: Executing an Onshore, Nearshore or Offshore Strategy. (Second Edition)*. Mivar Press.

あとがき

　国際化が進む今日、「オフショアリングという現象をビジネスに生かすことができそうか？」という問題に直面している企業は少なからずあると思います。本書ではもう少しポイントを絞って、「企業にとって、オフショアリングは競争優位をもたらし得るといえるのか？」という問題を設定しました。そうして、この問題を考える材料としての資源ベースビューについて説明しました。

　本書はある意図をもってこのような展開方法をとりました。それは、社会科学的な思考の面白さを体験する機会を得てもらいたいというものです。社会科学の面白いところとしては、特定の社会現象や問題であっても見方を変えればさまざまな形で理解を図ることができ、そのことを通して有用な示唆を導き出すこともできるという点です。もし何らかの社会現象や問題に直面した人が、それに切り込むための社会科学的思考を備えていなければ、意見や解決策を形成したとしても、現象や問題の表面をなぞったようなものになってしまったり、説得力のないようなものになってしまったりする恐れがあります。本書では、さまざまな見方の紹介とまではいきませんでしたが、資源ベースビューを使ったオフショアリングの考察機会を提供するという意味においては、意図を達成することができたのではなかろうかと思います。

　本書は、社会科学の中でも経営学、特に戦略的マネジメント論を取り上げ、さらには戦略的マネジメント論の中でも資源ベースビューと呼ば

れる考え方の大筋に焦点を絞って話を進めました。もちろん本書の内容は社会科学のごくごく一部を紹介したに過ぎませんが、これをきっかけとして、読者の方々が少しでも経営学やより広くは社会科学に対して関心を抱くことができれば幸いに思います。

＊　　＊　　＊　　＊　　＊　　＊　　＊

　本書の作成に当たり、新潟大学経済学部の先生方から数多くの貴重なご意見をいただきました。ここに記して感謝いたします。また、娘（4歳）と息子（1歳）と妻にも感謝したいと思います。にぎやかな雰囲気のもとで、本書に取り組むことができました。

■著者紹介

　伊藤　龍史（いとう　りょうじ）
　　1980年　　福岡市生まれ
　　2003年　　早稲田大学商学部卒業
　　2005年　　早稲田大学大学院商学研究科修士課程修了
　　2006年　　早稲田大学商学学術院産業経営研究所助手
　　2009年　　早稲田大学大学院商学研究科博士後期課程単位取得満期退学
　　現在　　　新潟大学経済学部・大学院現代社会文化研究科講師

　　専門　　　経営戦略論
　　　　　　　グローバル戦略論

　　主な論文　「オフショア化の継続可能性に関する探索的研究」（『産業経営』第43号、
　　　　　　　2008年）
　　　　　　　「アンダーパフォーム状態にある中小企業によるアライアンス」（『産業経
　　　　　　　営』第48号、2011年）
　　　　　　　　　　　　　　　　　　　　　　　　　　　　　　　　　　　　　　など

ブックレット新潟大学58　　国際化時代の戦略的マネジメント

2012年4月11日　　初版第1刷発行

編　者——新潟大学大学院現代社会文化研究科
　　　　　ブックレット新潟大学編集委員会
著　者——伊藤　龍史
発行者——木村　哲郎
発行所——新潟日報事業社
　〒951-8131　新潟市中央区白山浦2-645-54
　TEL　025-233-2100　　FAX　025-230-1833
　http://nnj-book.jp

印刷・製本——新高速印刷㈱

「ブックレット新潟大学」刊行にあたって

　新潟大学大学院現代社会文化研究科が「ブックレット新潟大学」の刊行を開始したのは、2002年という、21世紀に入って、まだ間もないときです。

　20世紀は、科学技術が目覚ましい発展を遂げた世紀でした。われわれもその恩恵にあずかって、今日に至っています。同時に、最先端の科学や技術が戦争の道具となり、人類が築いてきたものを、瞬時に破壊する手段となりうる危険を味わったのも20世紀でした。20世紀の最大の悲劇は、多様性を排除する原理主義的傾向が極まったところにあるといえるでしょう。もともと近代化はヨーロッパ社会の絶対化という側面を伴って進行したともいえます。その負の側面が肥大して、例えば、第2次世界大戦、非戦闘員をも含んだ大量虐殺が引き起こされました。また、その後のベトナム戦争や様々な悲劇も生じたといえるでしょう。こうしたことの反省から、多様性を尊重し、相互に共生できる社会を求めることの重要性が徐々に、しかし、広く共有されるようになりました。確かに、「共生」という言葉には、新鮮な響きがあったのです。

　しかし、20世紀が終わるころから今世紀の初めにかけて、「グローバリゼーション」という言葉がもてはやされ、実際には、唯一の強国となったアメリカの流儀、すなわちアメリカン・スタンダードが世界を覆う状況が生まれました。これは、「文明の衝突」というような事態を引き起こし、ついには世界経済危機をももたらしました。そして今、その反省の上に、新たな世界への模索が続いています。

　このブックレットが初めて刊行されてから8年たった今、新たな世紀が始まりだしたといえます。「共生」という理念が今こそ共有されるべきでしょう。原理主義という過激な渦は今も至る所で大きく成長しかねない状況です。われわれに今求められていることは、共生するシステムを構築することだといえるのです。

　本研究科は、「共生」という理念を掲げ、現代の諸問題を多面的に研究し、学問的成果を育んでいます。このブックレットはその成果の一端を高校生に向けて分かりやすく書いたものです。ブックレットの刊行が「共生」という理念を世界の人々と共有するための一助になることを願う次第です。

2010年7月

新潟大学大学院現代社会文化研究科
研究科長　　菅原　陽心